LETTRE

ADRESSÉE

A LA COMMISSION ADMINISTRATIVE DE L'ASSOCIATION DES MÉDECINS

De la Seine-Inférieure

PAR

M. LE DOCTEUR BOUTEILLER.

Ln 27.
22702.

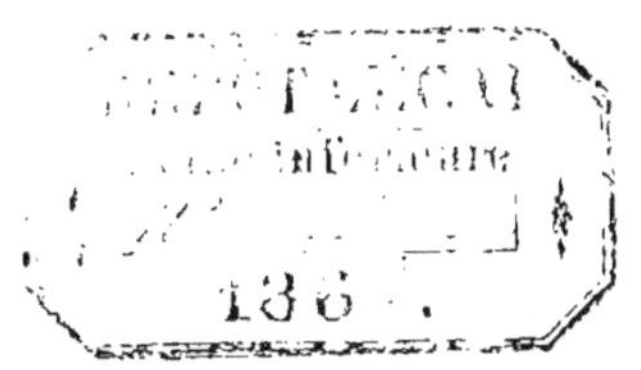

A Messieurs les Membres de la Commission administrative de l'Association des Médecins de la Seine-Inférieure.

Rouen, le 15 Novembre 1866.

Messieurs,

Dans un pays civilisé, quand une Commission se donne la tâche de faire imprimer un manuscrit qu'elle a demandé à son auteur, jamais elle ne se permet, *sans le consentement de ce dernier*, de supprimer des passages de ce manuscrit, ni d'altérer certaines phrases. Agir autrement, c'est violer une des lois des convenances et de la politesse. C'est cependant ce que vous venez de faire à mon égard (1) ; j'en appelle à tous nos confrères.

En second lieu, par les suppressions et les changements que vous avez fait subir à mon œuvre, vous avez voulu complaire à celui qui a tort, au détriment

---

(1) Dans la publication du compte-rendu de l'assemblée générale annuelle, tenue à Rouen, le mardi 5 juin 1866.

de ceux qui ont raison. Vous n'avez pu, en effet, ou-
blier le vote par l'assemblée générale du 5 juin **1866**
de l'ordre du jour ainsi conçu :

« L'assemblée, ne voulant distribuer de blâme à
« aucun de ses membres, passe à l'ordre du jour, mais
« refuse d'accepter les démissions de ses très-hono-
« rables membres les docteurs Le Brument, Bouteil-
« ler et Delabost, qui ont **TOUTES** ses sympa-
« thies (1). »

En troisième lieu, les suppressions opérées par vous
avaient pour but de laisser ignorer ma protestation
contre certains actes blâmables. Or, vous ne pouviez
espérer que j'accepterais ce procédé. Donc, votre
but devait évidemment être manqué, puisque vous
n'avez que 500 exemplaires et que moi je puis faire
tirer ma protestation à 10,000 exemplaires, si cela
me plaît.

Violation des convenances, protection donnée à
celui qui a tous les torts, maladresse, telle est le
bilan de votre délibération en ce qui me concerne.

Je compte parmi vous, Messieurs, des confrères qui
m'ont donné des preuves nombreuses de sympathie et
auxquels, de mon côté, j'ai toujours témoigné la plus
vive affection ; qu'ils sachent bien que cet incident
regrettable ne modifiera en rien mes sentiments à leur

---

(1) Pour quiconque comprend le français, cette rédaction est
claire. Les mots *ne voulant distribuer de blâme* et le mot *toutes*
en disent long.

égard. Ils ont été, je n'en doute pas, entraînés malgré eux par le parti de la génisse, essentiellement virulent et violent.

Recevez, Messieurs, avec mes regrets, mes civilités empressées.

J. BOUTEILLER,
D.-M.

PREMIER PASSAGE SUPPRIMÉ

SANS LE CONSENTEMENT DE L'AUTEUR.

Les intérêts professionnels, la confraternité et la dignité médicales, sont trois choses qu'on ne peut point séparer ; aussi comprendrai-je dans le même chapitre les trois affaires suivantes.

La première est celle d'un de nos collègues, M. L.-U. Levasseur, qui a publié, on le sait, plusieurs lettres et pamphlets contre un certain nombre de médecins de notre département. Pendant longtemps la commission n'a pas cru devoir s'en préoccuper ; mais, à propos de l'avant dernier pamphlet, celui qui concerne M. Jules, premier du nom, une délibération a eu lieu, parce que cet écrit, mis en vente chez tous les libraires, est tombé dans les mains de tout le monde, depuis la haute société jusqu'à la boutique du perruquier. Il y avait là, on doit en convenir, quelque chose de regrettable. Votre commission, à une très-grande majorité, a décidé que l'auteur du pamphlet serait blâmé et qu'on lui enverrait un extrait du procès-verbal en ce qui le concernait. Cela a été fait par notre président. M. L.-U. Levasseur n'a pas répondu, et les choses en restaient là, quand tout dernièrement l'attention de la commission administrative a été appelée sur la délibération que je viens de citer.

Cette commission a reconnu que le dernier paragraphe du premier article du règlement ne devait conduire à aucune pénalité. En conséquence, la délibération précitée a été déclarée nulle.

On a blâmé M. L.-U. Levasseur. Plus tard, on est revenu sur ce blâme, parce qu'on a vu qu'il y en avait un autre que lui à blâmer et plus vertement.

DEUXIÈME PASSAGE SUPPRIMÉ

SANS LE CONSENTEMENT DE L'AUTEUR.

Dans la troisième affaire, il ne m'est permis, messieurs, que de vous dire ceci : « La commission administrative s'est enquis des motifs du débat qui s'est élevé entre M. le docteur Vingtrinier d'une part, et MM. Lebrument, Bouteiller et Delabost de l'autre. Elle a décidé que cette affaire ne serait pas portée devant l'assemblée générale. C'est d'ailleurs, après avoir consulté le règlement, que la commission s'est arrêtée à cette résolution. »

Je n'ai plus, messieurs, qu'à vous parler du personnel. Il y a eu dans son sein moins de mouvement que d'ordinaire. M. le docteur Deboutteville s'étant, comme je vous l'ai annoncé l'année dernière, démis des fonctions de membre de la commission de comptabilité, la commission administrative a choisi le docteur Douvre pour le remplacer. Peu de jours après, un autre vide s'est fait dans cette même commission de comptabilité, par la mort de M. le docteur Melays. M. le docteur Godquin a

été élu à sa place. En conséquence, la comptabilité est aujour-
d'hui entre les mains de M. le docteur Tinel, notre estimable
trésorier, et de MM. Courtillet, Douvre et Godquin.

On le voit, en ce qui touche l'affaire de la génisse,
on avait eu soin de me dicter une phrase. On craignait,
avec raison, ce que j'aurais pu dire.

TROISIÈME PASSAGE SUPPRIMÉ

SANS LE CONSENTEMENT DE L'AUTEUR.

Aucun médecin n'a, cette année, demandé à être admis parmi
nous; il ne faudrait pas chercher bien loin pour trouver la
cause de ce fait regrettable; mais, personne n'ayant à gagner à
l'entendre proclamer ici, je me hâte de fermer ce chapitre.

Le chapitre des démissions est toujours très-délicat; aussi,
depuis l'origine de notre institution, les associés qui ont l'hon-
neur de gérer en votre nom ont voulu que le secrétaire général
fît connaître, en assemblée générale, les motifs allégués par
chaque démissionnaire. Je vais, cette fois encore, me conformer
à ce louable usage et vous donner textuellement les raisons
invoquées par les deux seuls démissionnaires que nous ayions
eus pendant cet exercice, MM. Lebrument et Delabost. « Je
regrette, dit M. Lebrument, d'être forcé de me séparer de mes
co-associés, *mais la conduite de M. le président à mon égard,
dans une circonstance où, à ce titre particulièrement, il me
devait au moins un témoignage de bonne confraternité, ne me
laisse pas d'autre alternative.* » Quant à M. Delabost, il s'ex-
prime ainsi : « *J'ai eu le regret de ne pas rencontrer dans*

M. le président de l'Association, dont je me plais d'ailleurs à reconnaître la bienveillante obligeance en toute autre occasion, l'appui sur lequel j'avais cru pouvoir compter. » Votre commission a pensé qu'il n'y avait rien de plus pénible que de voir deux confrères aussi honorables abandonner l'Association, et elle m'a chargé de faire en son nom les plus vives instances pour qu'ils retirassent leur démission. J'ai accompli cette mission avec empressement. J'ai été assez heureux pour réussir. MM. Lebrument et Delabost sont donc rentrés dans l'Association, ce que personnellement j'ai vu avec d'autant plus de plaisir, que s'ils n'y avaient consenti, ma position devenait des plus fausses. J'espère, toutefois, que chacun aurait compris que ce qui m'eût retenu, eux partis, c'eût été seulement le mandat de secrétaire que je tiens de vous, et que je ne dois pas abandonner avant la fin de l'exercice et l'époque des élections.

En résumé, décès de six des membres portés sur la liste, pas une seule admission, deux démissions données, puis reprises ; le total des membres était l'année dernière, à pareille époque, de 158, il est donc actuellement de 152.

Permettez-moi, messieurs, en forme de résumé, de vous rappeler seulement les affaires exceptionnelles et importantes; ce sont :

1o Ces deux démissions données et reprises par des raisons très-plausibles lors de l'une et l'autre détermination ;

2o Les secours prolongés et relativement considérables accordés à M. L., notre associé;

3o L'appui moral donné à notre confrère, que l'on voulait rendre responsable d'une erreur de diagnostic;

4o L'opinion émise par l'Association de la Seine-Inférieure, sur la responsabilité médicale ;

5o Le blâme infligé à un de nos membres, pour un pamphlet rendu public ;

6o Les poursuites dirigées contre le sieur Langlois, à Elbeuf;

7o L'affaire du comité de vaccine.

Ici se termine ma tâche. Je n'ajouterai plus qu'un mot, mais cette fois sous ma seule reponsabilité. La commission administrative au nom de laquelle j'ai déjà présenté neuf compte-rendus annuels, sans jamais me mettre en avant, me permettra bien, je l'espère, quelques lignes exceptionnellement personnelles. Vous avez remarqué de quelle sobriété d'appréciation j'ai fait preuve dans tout le travail que je viens de vous lire. J'ai tenu à ne pas m'en écarter par respect pour la volonté de la commission, mais, croyez-le bien, si on m'avait laissé plus de spontanéité, je vous aurais présenté quelques considérations intéressantes pour le corps médical tout entier et pour notre œuvre en particulier.

Ici on a voulu faire disparaître l'allusion à la cause qui empêche de nouvelles adhésions. Cette cause, c'est la conduite du président dans l'affaire Verrier aîné.

On a voulu faire disparaître aussi les lettres de MM. Le Brument et Delabost.

Enfin, en terminant, je répète que j'avais eu les mains liées. Il fallait bien faire encore disparaître cela.

J'ai dit qu'on avait altéré certaines phrases. Je dois le prouver.

Page **9**, premier alinéa, on a défiguré ce que j'ai dit depuis les mots *Votre commission rassemblée* jusqu'à *profession*. Ce qui est imprimé est tellement inepte, qu'on ne supposera pas que je l'aie écrit.

Page **12**, il y a : « Le tribunal a sévèrement puni « le délinquant. » J'avais écrit : « Espérons que cette

« fois le corps médical sera plus heureux qu'il ne l'a
« été à Neufchâtel. » Le jugement n'étant pas encore
rendu au 5 juin 1866, ma phrase avait un sens et une
portée. On l'a remplacée par un anachronisme inin-
telligent.

J. BOUTEILLER,
D. M.

ROUEN. — IMPR. GIROUX ET RENAUX, RUE DE L'HÔPITAL, 25.

140

BIBLIOTHEQUE NATIONALE DE FRANCE

3 7502 01048485 7

www.ingramcontent.com/pod-product-compliance
Lightning Source LLC
Chambersburg PA
CBHW050727070726
47597CB00009B/3827